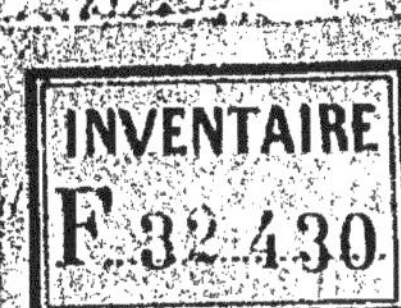
INVENTAIRE
F. 32 430

AF455949

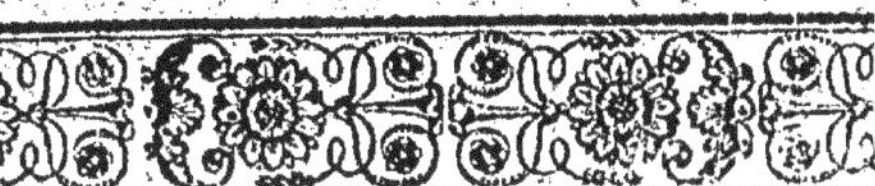

Mémoire

sur les

Terres Vaines et Vagues

de la

ci-devant Province de Bretagne,

PAR M. CO[illegible].

NANTES,
IMPRIMERIE, LITHOGRAPHIE ET LIBRAIRIE
DE MELLINET-MALASSIS.

1828.

F

MÉMOIRE

SUR LES

TERRES VAINES ET VAGUES

DE LA CI-DEVANT

PROVINCE DE BRETAGNE,

F 32430

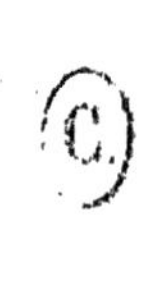

MÊMOIRE

SUR LES

TERRES VAINES ET VAGUES

DE LA CI-DEVANT

PROVINCE DE BRETAGNE,

RÉDIGÉ DANS L'ORDRE DES QUESTIONS QU'AVAIT POSÉES LA SOCIÉTÉ ACADÉMIQUE DE LA LOIRE-INFÉRIEURE;

PAR H.THE COLOMBEL,

AVOCAT A NANTES.

« La terre produirait partout peut-être, si
» l'industrie pouvait, sans entraves, seconder
» partout le travail de la nature. » (p. 6.)

NANTES,

IMPRIMERIE ET LITHOGRAPHIE DE MELLINET-MALASSIS.

M. DCCC XXVIII.

F

MÉMOIRE

SUR LES

TERRES VAINES ET VAGUES

DE LA CI-DEVANT

PROVINCE DE BRETAGNE (1).

« La terre produirait partout peut-être, si
» l'industrie pouvait, sans entraves, seconder
» partout le travail de la nature. » (p. 6.)

TERRES incultes, dont la vaste étendue embrasse une partie si considérable de l'ancienne Armorique, pourquoi, depuis tant de siècles, votre aspect aride et monotone ne cesse-t-il de fatiguer les regards du voyageur?

Autour de vous, tout se ressent des progrès heureux de l'agriculture; tout s'anime et paraît recevoir une création nouvelle.

Pour vous seules n'existerait-il donc, ni printemps, ni automne? telles on vous a vues durant le sombre hiver, telles on vous retrouve après la renaissance des beaux jours; leur douce influence, qui agit sur toute la nature, semble

(1) Ce mémoire a obtenu la médaille d'or décernée par la Société Académique, dans sa séance publique et annuelle de 1828.

nulle pour vous. Comme une terre maudite, vous ne produisez rien, et la végétation s'arrête là précisément où commencent vos tristes limites!

Quelle cause vous retient dans un état si voisin du néant? La volonté du Créateur vous aurait-elle frappées d'une éternelle stérilité? ou plutôt, n'êtes-vous restées improductives que par suite de la misère de l'homme, de son ignorance, de ses préjugés et du vice de ses institutions?

Ah! gardons-nous de murmurer contre la céleste intelligence. Sans doute, elle ne versa pas d'une manière égale ses bienfaits dans le séjour destiné à l'homme, et de cette main puissante qui créa les plaines fertiles, les grasses prairies et les riants coteaux, sortirent aussi les landes immenses; mais l'Eternel dit à la terre de produire, et la terre obéissante produirait partout, peut-être, si l'industrie pouvait, sans entraves, seconder partout le travail de la nature.

Voyez que de miracles opérés chez les peuples où cette vivifiante industrie n'a pas été enchaînée par le despotisme; chez les peuples où l'abus de la force n'a pas rendu stationnaires la misère et le découragement:

Des contrées étaient ensevelies sous les eaux: l'industrie leur a commandé de s'écouler, et d'impurs marais sont devenus des terres fécondes.

Ailleurs, plus puissante que l'océan même, l'industrie a resserré les limites du fougueux élément, et livré à la culture les riches conquêtes obtenues sur la mer, dont les flots paraissent, même en se retirant, menacer encore le rivage soustrait à leur empire.

Plus loin, elle a appelé l'abondance sur un sol ingrat, élevé le niveau des eaux, creusé des canaux d'irrigation, et porté la production jusque sur le flanc même des rochers.

Enfin, l'industrie a fouillé les entrailles de la terre, et des richesses jusqu'alors ignorées, sont devenues la récompense de l'industrie.

Génie de l'agriculture, inspire un autre écrivain! Dis-lui par quels procédés on peut améliorer ces landes, qui paraissent d'immenses inutilités dans le système de la nature. Apprends-lui quels germes l'on doit confier au sein d'une terre peu favorisée; lesquels s'y développeront le plus facilement et répondront le mieux aux soins pénibles du laborieux cultivateur.

Pour moi, j'invoque ici l'histoire de l'homme, mis en rapport avec la terre qu'il habite. Une Société savante veut (pour appeler des améliorations) connaître l'influence de nos institutions sur les terres incultes qui nous environnent : essayons de répondre à son généreux appel.

La terre fut créée pour subvenir aux besoins de ses divers et nombreux habitants.

L'homme, le plus favorisé de tous, refoula au loin les animaux nuisibles ou dangereux. Il fixa près de lui, ceux qui devaient enrichir et embellir son domaine.

Malheur! a dit un éloquent écrivain, *malheur! à celui qui le premier osa s'approprier un coin de la terre commune....* Etrange paradoxe! Dans ce vaste univers, il fut bien acquis à l'homme le champ que l'homme avait protégé par des clôtures, défriché de ses mains, arrosé de ses sueurs!

La possession, sanctionnée par d'utiles travaux, dut être et fut, en effet, le premier des titres (1).

De cette possession découla naturellement le droit de propriété, ce droit d'user, de disposer et de transmettre; ce droit sacré qui est, en même temps, un grand principe d'ordre et une source de tant de jouissances.

Sans ce droit, quelle éternelle confusion chez les hommes et parmi les choses (2)! Sans ce droit, il arriverait infailliblement, ou que les terres seraient négligées, ou qu'il faudrait, comme à Spartes, réduire une partie du genre humain à la dure condition des hilotes.

---

(1) *Quod omnibus nascitur industriæ præmium est*, dit Quintil. — V. Locke, liv. 2, ch. 5.

Nam hæc protinus eorum fiunt qui primi possessionem eorum ad prœhenderint. (L. 1. Digest. *De aquir. vel amit. poss.*)

Quod enim nullius est id ratione naturali occupanti conceditur. (Digest. Liv. 41. Tit. 1. Leg. 3.)

(2) Pufendorf, liv. 4, chap. 4, §. 7.

La propriété individuelle résulte donc de la nature même des choses. Elle est d'ailleurs favorable à la liberté, à l'industrie, et par conséquent à l'agriculture.

Pourquoi, cependant, voyons-nous encore tant de landes dont la jouissance est en commun? L'effet nous afflige ; recherchons-en les causes :

En se multipliant, les hommes s'étendirent de préférence, sur les parties du sol qui réunissaient le plus d'avantages. Les terrains fertiles, ceux dont la culture exigeait le moins de fatigues et promettait le plus de produits, furent, en général, les premiers occupés.

Il resta beaucoup de terres, qui ne furent appréhendées spécialement par personne, et dont chacun usait, suivant ses besoins et la proximité des lieux.

L'étendue de ces terres diminua au fur et à mesure que la population de chaque canton s'augmenta : de nouveaux habitants nécessitaient de nouvelles *occupations* et de nouveaux défrichements. Mais dans le cercle de chaque localité, il y eut presque toujours un excédant de terrain dont l'usage continua de rester en commun. Soit qu'on admette une convention expresse ou tacite qui le reglât ainsi, soit qu'on suppose que ces terres étant les plus ingrates, personne ne voulût y attacher son travail, il est du moins évident que ces espaces incultes ne pouvaient être utiles qu'aux habitants du voisinage.

L'usage qu'on en fit se convertit à la longue, en *habitude*, en *coutume*, en *droit*.

Chaque agrégation d'hommes réunis, ou par les douces inspirations de la nature, ou par le besoin impérieux de leur conservation, formèrent donc de petites sociétés, des communautés d'habitants, liés par des intérêts locaux; possédant des biens privatifs à chaque membre et des biens dont l'usage était commun à tous.

Abstraction faite des changements qu'introduisirent les vices et les égarements de l'homme, voilà qu'elle fut, sans doute, *l'origine des premiers biens communaux*; de ces biens qui appartenaient, en commun, aux habitants de chaque localité.

Des auteurs rattachent cette origine à l'établissement dans les Gaules, et des peuples du Nord, et de la féodalité (1). C'est une erreur : avant cette conquête et l'organisation du régime féodal, il y avait nécessairement, et des terrains vagues, et des besoins d'agriculture qui en déterminaient l'usage.

Il est vrai que les invasions et les conquêtes

(1) Fremainville, Traité des Comm., p. 7, 9, 14, 15, 17 et 23.

amenèrent de fréquents partages de terres entre les vainqueurs et les vaincus (1). Il est encore vrai que l'abus de la force créa des maîtres qui possédaient tout, et des esclaves qui ne possédaient rien; mais avant ces grandes et terribles révolutions, il existait un état de chose plus conforme au droit naturel, et c'est de celui-là seulement que nous avons jusqu'ici parlé.

Détournons, autant que possible, nos regards du vaste tableau des malheurs de la société humaine, et ne prenons dans les pages si souvent affligeantes de l'histoire, que les faits nécessaires à l'intelligence de notre sujet.

Vainement, pour se garantir des invasions, la politique romaine avait fait d'une partie des frontières de l'empire, un désert où elle ne permettait à personne de se fixer (2). Long-temps contenus par la puissance colossale des Césars, les peuples du nord se débordèrent enfin, inondèrent le midi de l'Europe et subjuguèrent les Gaules.

La féodalité s'introduisit à la suite de ces

---

(1) V. notamment Théorie des matières féodales, par Hervé, tome 1, p. 11 et suiv.

(2) Dictionnaire, etc., par Félice, au mot domaine. = Nouv. repert. de jurisprudence, au mot occupation, § 3, art. 1, n.° 2.

nouveaux conquérants, et il vint, en France, une époque où l'on ne voyait plus que des *serfs* et des *seigneurs* : une misère profonde chez les uns ; une opulence extrême chez les autres. Tel fut le désordre, en ce genre, que la condition d'*homme libre* était la pire de toutes, et que pour se soustraire à des *traitements uniques*, il fallait prendre les livrées de la servitude et se donner, en quelque sorte, à de prétendus protecteurs (1).

Ainsi marcha le fléau de l'usurpation, et les droits de la couronne elle-même ne furent pas à l'abri de ses atteintes. De simples commissaires (nommés *Duces*, *Marchiones* et *Comites*) envoyés par le souverain dans les provinces, pour les administrer et les défendre, profitèrent de la faiblesse du souverain ; ils rendirent héréditaires dans leurs familles, un pouvoir et des biens qui ne leur avaient été conférés que pour un temps (2).

Dans le développement du système de la féodalité, les descendants de ces commissaires de-

---

(1) Montesquieu. = Mably. = Hervé, tom. 1., p. 106 et suiv. = Nouv. repert. de jurisp., au mot fief.

(2) Les mêmes. Hévin, questions féodales, page 137.

vinrent, sous les noms de *ducs*, *marquis* et *comtes*, de petits potentats, trop souvent dangereux pour l'autorité royale qui les avait créés ou tolérés (1).

Cependant, il y eut, mais en petit nombre, des localités moins affligées que les autres ; il y eut des bourgs et des villes dont les habitants, quoique sujets, conservèrent leurs libertés et une partie de leurs autres droits (2).

Ailleurs, la nécessité imposa à des seigneurs une sorte de justice : les guerres, l'anarchie et le despotisme avaient rendu désertes des contrées entières. Pour y appeler, pour y fixer de nouveaux habitants, il fallut bien leur procurer divers avantages, au nombre desquels on s'accorde à placer les droits de *pacage* et *d'usage* (3).

La France, comme frappée de léthargie, demeura long-temps courbée sous le joug oppresseur de la féodalité.

Enfin, méconnue et souvent bravée par la puissance des seigneurs, l'autorité royale s'occupa de l'affranchissement des Communes, et les fers que la violence avait forgés tombèrent peu

---

(1) Les mêmes et l'histoire.

(2) Diction., par Félice, tom. 3, p. 298.

(3) Diction., par Félice, tom. 3, p. 299. — Frémainville, p. 10, 67, 240 et suiv.

à peu (1). Ne perdons pas la mémoire que c'est aux Princes de la dynastie régnante que nous devons cet affranchissement, aujourd'hui perfectionné par la Charte.

Pour apprécier le bienfait de nos institutions actuelles, il suffirait de connaître les motifs que donnaient nos anciens Rois, en *émancipant* les communes ; en voici quelques-uns : *ob enormitates clericorum........ pro nimiâ oppressione pauperum....... propter injurias et molestias à potentibus terræ frequenter illatas* (2). Il suffirait surtout de connaître les plaintes des grands ; écoutons l'abbé de Nogent, leur interprète : « La commune! nom nouveau, nom détes- » table, a pour but d'affranchir les censitaires » de tout *servage*, au moyen d'une rente an- » nuelle ; n'imposant à ceux qui manquent à » leurs devoirs qu'une *amende légale*, et déli- » vrant les serfs de *toutes les exactions aux-* » *quelles ils étaient assujétis* (3).

Ne dissimulons pas néanmoins que sur quelques points du territoire, le peuple dut à l'humanité des seigneurs de cesser d'être esclave : « Ils reconnurent dans leurs sujets le même ca- » ractère d'homme qu'ils portaient. Ils sentirent

---

(1) Voyez l'histoire.

(2) Nouv. Répert., au mot communes.

(3) Le même. -- Hervé, tom. 1, p. 168 et 169.

» qu'ils devaient respecter des traits qui les » rapprochaient de si près, et ils rompirent un » joug si avilissant (1). »

Souvent aussi la tyrannie des grands accéléra l'émancipation des communes : les opprimés firent un effort, brisèrent leurs chaînes et furent protégés par nos Rois, intéressés eux-mêmes à réprimer l'ambition toujours croissante des seigneurs (2). »

Mais, en général, ce fut en se rachetant que les serfs recouvrèrent la liberté. On leur vendit à divers taux, ce bienfait inaliénable, que tous les hommes reçoivent de la nature, et que la violence peut seule oser leur ravir.

Plusieurs causes amenèrent, sans doute, ce dernier moyen d'affranchissement, et l'histoire a surtout noté que les grands, dont la fortune avait été dérangée par des expéditions lointaines (les croisades), composèrent plus facilement avec leurs malheureux serfs. Triste condition des sociétés humaines ! nous n'avançons le plus souvent vers le mieux, qu'en passant par la cruelle filière du malheur, et sans les flots de sang versés d'ailleurs inutilement dans la Palestine, il est indubitable que le *servage* des peuples

---

(1) Diction., par Félice, tom. 3, p. 299.

(2) Nouveau Répert., au mot communes, pages 604 et 607. — L'histoire.

de l'occident aurait duré bien plus long-temps encore.

Affranchis, les plébéiens formèrent de rechef des communautés d'habitants. Ils obtinrent des concessions de terre, et c'est à toutes les causes réunies que l'on vient d'indiquer, qu'il faut rattacher la *seconde origine* des biens communaux. Les hommes tenaient en quelque sorte de la providence, ceux dont nous avons parlé précédemment. Ils en furent presque tous dépouillés ensuite ; et ils ne possédèrent les autres, que par le résultat de différentes espèces de concessions.

Dans l'absence d'un gouvernement éclairé et juste, malheur à la propriété du faible, si des voisins puissants peuvent seulement alléguer un prétexte ! les annales de la jurisprudence nous offrent, à diverses époques, les seigneurs convoitant de nouveau les terres vaines et vagues appartenant aux communautés d'habitants. Il serait inutile d'entrer, à cet égard, dans les détails, qui nous présenteraient, en général, le faible succombant contre l'homme puissant. Qu'il nous suffise de savoir que le système d'envahissement fut tel de la part des seigneurs, que des lois devinrent nécessaires pour réprimer leurs usurpations. (1)

---

(1) V. les ordonnances et édits rapportés par Fremainville, p. 271 et suiv., 302 et suiv.

Mais ces lois furent sans résultat pour la Bretagne, où se trouvaient peu de biens communaux proprement dits (1).

I.re QUESTION.

Quelle était l'ancienne législation Bretonne sur la matière des communaux avant l'année 1789?

En Bretagne, plus qu'ailleurs encore, s'était appesanti le joug de la féodalité; et les seigneurs, à qui la coutume de cette province attribuait les terres *vaines et vagues*, se trouvaient, par cela même, à l'abri de la tentation : qui a tout, n'a plus rien à désirer. En effet, entr'autres maximes, on avait établi que les seigneurs étaient réputés propriétaires des terrains *vagues et déclos*, qui joignaient leurs domaines ou leurs fiefs (2).

Cette présomption, quelque extraordinaire qu'elle paraisse, les dispensait de toute espèce de preuves, et elle ne fléchissait que devant des titres extrêmement rares entre les mains des infortunés vassaux. Aussi, regardait-on comme une chose certaine, qu'il y avait peu de biens communaux en Bretagne (3).

---

(1) Duparc, tom. 2, p. 372 et suiv.

(2) Duparc, tom. 2, p. 366, 376. = Journal du Parlement de Bretagne, tom. 2, p. 256; tom. 5, p. 762.

(3) Duparc, tom. 2, p. 371, 374 et 380.

Réputés, de droit, propriétaires de ces terrains, les seigneurs pouvaient seuls en disposer : c'était la conséquence nécessaire du principe admis en leur faveur.

Les annexaient-ils à leur domaine, soit en les faisant cultiver ou planter, soit en y pratiquant des garennes ; ces terrains leur devenaient tellement privatifs, qu'ils étaient assimilés à l'ancien domaine même (1).

Relativement aux terres qui ne recevaient pas cette destination, ou les seigneurs Bretons en concédaient la propriété, ou ils y accordaient un simple droit d'usage, ou bien, enfin, ils s'en réservaient la disposition (2).

Examinons chacune de ces trois alternatives.

§. I.er

Concessions de la Propriété.

La plus notable des concessions, en cette matière, fut celle accordée par Sa Majesté dans les années 1689 et 1691.

Comme possesseur de fiefs et de domaines proches, situés en Bretagne, le Roi était aussi réputé propriétaire des terrains vagues et déclos, qui joignaient ses domaines ou fiefs.

---

(1) Journal du Parlem. de Bret., tom. 3, p. 761.
(2) Duparc, tom. 2, p. 379 et 380, n.° 543.

Des vassaux, sous ces fiefs, avaient obtenu, moyennant les prestations d'usage, le droit de *communer* sur ces terrains. Aux époques indiquées, Sa Majesté traita avec les états de la province, et, pour une somme de 150,000 liv., elle renonça aux droits annuels qu'elle percevait à cette occasion.

A ce moyen, ces terrains devinrent des *communaux proprement dits*, et quoique la généralité des paroisses de la province eût fourni le prix de cette concession, il n'y eut cependant à en profiter, que celles des paroisses dans les limites desquelles se trouvaient les terres ainsi concédées; mais l'on remboursa à quelques-unes des autres paroisses, les sommes pour lesquelles elles étaient entrées dans la contribution (1).

Quant aux seigneurs particuliers, ils firent aussi de nombreuses concessions de propriétés, les unes à titre onéreux, et les autres à titre gratuit; tantôt à plusieurs personnes collectivement, et tantôt à chaque concessionnaire individuellement.

Il serait oiseux de s'arrêter plus long-temps sur ce point. Ces concessions de propriété ne peuvent faire naître de contestations embarrassantes. Le titre fait la règle, et les questions relatives à la validité du titre, rentrent, pour leur solution, sous l'influence des principes généraux du droit.

---

(1) Traité des communes, par M. Varsavaux, p. 223 et suiv.

Remarquons seulement que les rentes ainsi stipulées au profit des seigneurs, ont été abolies par des lois, qui ne respectèrent pas assez les droits acquis.

Suivant l'ancienne législation, le cachet de la féodalité imprimé à ces rentes, donnait au crédit-rentier un avantage qui, sous la législation intermédiaire, suffit pour annuler son titre : ce fut une déplorable récrimination.

§ II.

Concession du simple droit d'usage.

Ceux des anciens seigneurs bretons qui ne voulaient pas se dépouiller du droit de propriété sur les terres vaines et vagues, se bornaient, le plus souvent, à concéder à leurs vassaux immédiats un simple droit d'usage, que l'on appelait assez improprement *droit de communer*.

On distinguait deux sortes de concessions du droit de communer : l'une à titre gratuit, et l'autre à titre onéreux.

Des auteurs pensaient que la concession à titre gratuit était essentiellement précaire ; qu'elle n'attribuait aucun droit rigoureux aux vassaux, et que le seigneur pouvait toujours la révoquer (1).

---

(1) V. tr. des droits des communes, par M. Varsavaux.

Nous ne saurions partager cette opinion : une fois admis que les seigneurs étaient propriétaires des terres vaines et vagues, la conséquence nécessaire est qu'ils avaient tout aussi bien le droit de *donner*, que celui d'*arrenter*. Onéreuse ou gratuite, la concession devait donc produire son effet, à moins qu'il n'apparût par le titre, que cette concession n'avait été faite que précairement (1).

Nous croyons devoir supprimer les développements à cet égard, parce que, suivant nous, l'art. 10 de la loi du 28 août 1792 rend aujourd'hui cette discussion parfaitement inutile. En effet, il ne distingue point entre le droit de communer accordé à titre *gratuit* et celui concédé à titre *onéreux*. Cet article n'exige que *la possession du droit de communer*, sans remonter à l'origine de ce droit, sans examiner s'il a sa source dans un contrat de bienfaisance, ou dans un contrat commutatif.

En envisageant, sous ses différents aspects, le droit de communer, nous élaguerons toutes les questions de jurisprudence ancienne, devenues aujourd'hui sans influence, par les modifications qu'a apportées la nouvelle législation ; et, pour ne pas donner à cet écrit une ampleur

BIBLIOTHÈQUE ROYALE

(1) V. Duparc, tom. 2, p. 370. = Journal du Parlement de Bre[illegible] tom. 5, p. 762.

inutile, nous nous bornerons à l'exposition rapide des principes de la matière.

La concession du droit de communer devait résulter d'un titre d'inféodation ; mais les aveux régulièrement reçus suppléaient au titre primitif.

Un aveu était régulièrement reçu, quand il était revêtu des formalités indiquées par Duparc Poullain, dans ses principes, tom. 2, p. 167 et suivantes.

Cependant, quoiqu'il fut de maxime qu'en matière de terres vaines et vagues, la possession sans titre était inefficace (1), l'on admettait la présomption résultant de *l'usement particulier du fief.* Ainsi, tous les vassaux avaient le droit de communer, quand la plus notable partie d'entre eux représentait un ou plusieurs aveux, desquels il fut possible d'induire que leurs co-vassaux avaient un droit semblable (2). En effet, au milieu de tant de déchirements intérieurs que nous retrace l'histoire, les paysans Bretons dûrent souvent perdre leurs titres.

La concession du droit de communer était faite, soit à chaque vassal en particulier, soit aux habitants d'un village ou d'un fief, et ra-

---

(1) Coutume. Art. 393.

(2) Tr. des droits des communes, par M. Varsavaux, p. 248.

rement à la *généralité* des habitants d'une paroisse (1).

Le droit de communer ne conférait point aux vassaux la propriété du *fonds*. Il n'en résultait, en leur faveur, qu'un simple droit d'usage, une espèce de servitude (2).

Cette servitude consistait ordinairement dans le droit de *conduire des bestiaux au pacage*, *de couper des landes et bruyères*. On y ajoutait quelquefois le droit *de couper le bois nécessaire aux vassaux* (3).

Quant au mode suivi pour l'exercice de ce droit, il était souvent réglé par le titre. Mais, dans le silence du titre, le besoin présumé des vassaux avait introduit en Bretagne une maxime empruntée des coutumes voisines : chaque vassal ne devait envoyer au pacage, que le nombre des bestiaux qu'il pouvait nourrir, durant l'hiver, avec les pailles et foins provenant de *celles* de ses terres privatives *auxquelles était attaché le droit de communer* (4). De sorte que le seigneur était censé avoir dit au vassal : *vous tenez, sous mon fief, tant d'arpents de terres productives*.

---

(1) Duparc, tom. 2, p. 371 et 374.

(2) Duparc, tom. 2, p. 370 et 380.

(3) Duparc, tom. 2, p. 370 et 371.

(4) Duparc, tom. 2, p. 391. — Journal du parlement de Bret., tom. 5, p. 762.

C'est en raison de ces terres, que je vous ai concédé le droit de communer. Vous ne pourrez donc envoyer au pacage, que les bestiaux qui peuvent être nourris pendant l'hiver, avec le produit de ces mêmes terres. Mais l'on conçoit bien que dans la pratique, cette proportion n'était pas exactement observée.

Après la concession faite du droit de communer, le seigneur ne pouvait plus disposer du terrain vague, de manière à priver du bénéfice de cette concession, les vassaux inféodés. De même aussi, les vassaux ne pouvaient pas se prévaloir de cette concession, pour empêcher le seigneur de disposer d'une partie du terrain, si ce terrain était plus que suffisant pour les besoins du pacage. En cas de contestation à cet égard, on appliquait une règle très-équitable : on assignait aux vassaux une étendue convenable de terrain où ils pouvaient continuer d'exercer leur servitude de pacage, et le seigneur avait alors la faculté de disposer du reste (1). « Ainsi, cette espèce de cantonnement était, » comme le dit M. Merlin, une opération qui » consistait à resserrer, à circonscrire le droit » indéfini et illimité des habitants *usagers*, sur

---

(1) V. Journal du Parlement de Bret., tom. 5, p. 762. = Duparc, tom. 2, p. 391.

» une partie déterminée des fonds soumis à leur » droit d'usage, afin de laisser le reste libre au » seigneur *propriétaire* (1). »

Au surplus, cette espèce de cantonnement ne changeait pas la nature du droit des vassaux, lequel ne cessait point d'être un simple droit d'usage.

§ III.

Terrains vagues sur lesquels les seigneurs n'avaient concédé ni droit de propriété, ni droit d'usage.

Avant la révolution, il restait peu de semblables terrains; et, dès l'année 1767, un savant auteur écrivait que *la plupart des vassaux* étaient inféodés du droit de communer dans les terres vagues de la seigneurie (2).

Mais nos guerres civiles ont occasionné la perte d'un grand nombre de titres, que les paysans conservent d'ailleurs assez mal. Remarquons, en outre, que l'une de ces lois, trop empreintes de la funeste exagération qui régnait alors dans les idées, avait commandé le brûlement des titres féodaux. Ainsi, l'on peut tenir pour indubitable

(1) Nouv. Répert., au mot triage.

(2) Duparc, tom. 2, p. 369 et 380.

qu'il existe beaucoup d'anciens vassaux inféodés du droit de communer, et qui, pourtant, se trouvent dans l'impossibilité de produire les aveux qui le justifiaient.

II.e QUESTION.

Quels étaient les moyens offerts par la législation bretonne pour faire de ces terrains des propriétés privées, et quels sont les obstacles qui pourraient contrarier le développement de ces moyens ?

De ce que nous avons dit précédemment il résulte que les moyens de rendre ces vastes terrains à la *production*, se réduisaient à deux seulement.

Le premier consistait, de la part des seigneurs, à les annexer à leur ancien domaine, pour les *cultiver* ou les *planter*; ce qui ne se pratiquait qu'à l'égard de quelques parties de ces terrains, les plus rapprochées du *noble manoir*; parce que l'industrie n'avait pas encore révélé le parti avantageux que l'agriculture pouvait tirer de la plupart des landes de la Bretagne.

Le second moyen consistait dans la concession faite par les seigneurs, de la propriété totale ou partielle de ces mêmes terrains.

Cette concession se faisait le plus ordinairement, par un contrat nommé *afféagement*, dont la nature et les effets sont assez connus, pour nous dispenser de les retracer ici (1).

En général, on ne devenait afféagiste qu'avec l'intention d'enclorre et de défricher. C'est en effet à de semblables concessions que sont dus la plupart des défrichements qui ont considérablement augmenté l'étendue *productive* du territoire de la Bretagne.

Cependant, le procureur-général au parlement de Rennes faisait observer qu'en 1736, les landes et terres vagues occupaient encore plus du tiers de cette grande province (2).

Plusieurs causes réunies s'opposaient au progrès des défrichements :

L'ancienne législation : Elle ne permettait ni de vendre, ni de partager, ni même de défricher *les biens communaux* (3) ; de telle sorte qu'en Bretagne, les terres vagues appartenant soit à la généralité des habitants d'une paroisse, soit à plusieurs villages, devaient, par la volonté expresse du législateur, rester toujours incultes !

Le préjugé déraisonnable qu'un pacage en com-

---

(1) Duparc, tom. 2, p. 79 et suiv.

(2) Journal du Parlem., tom. 2, p. 256.

(3) Fremainville, p. 54 et 272. = Denisart, Ferrière, etc., au mot communs.

mun était avantageux à l'agriculture (1) : nous avons vu plusieurs concessions de terres, lors desquelles les seigneurs stipulaient que leurs vassaux en jouiraient *en commun, sans pouvoir les partager* (2). Sans doute, le secours des pâturages est indispensable à l'agriculture, et cette proposition n'est pas susceptible de controverse; mais un terrain dont la jouissance est laissée en commun, ne sera jamais, ni si bien soigné, ni si productif, que s'il était converti en propriétés privées. C'est le cas de dire avec une loi romaine : « Par un » vice presque naturel, nous soignons peu et » nous négligeons même une chose que nous ne » possédons qu'en commun (3) ». En effet, nous sommes assez ordinairement portés à considérer la chose commune sous deux aspects différents ; comme *nôtre*, quand il s'agit d'en percevoir les fruits, et comme la chose d'*autrui*, lorsqu'il s'agit d'y faire des dépenses d'amélioration. L'on épuise volontiers, mais l'on féconde rarement une terre commune.

La misère des paysans Bretons : Elle fut telle, durant si long-temps, qu'elle leur permettait à

---

(1) Fremainville, p. 3 et suiv.

(2) Notamment, dans une concession faite par le prince de Condé à ses vassaux de Joué.

(3) Loi 2, au Code, liv. 10, tit. 34.

peine de végéter, et, pour entreprendre même de petits défrichements, il faut jouir d'une certaine aisance.

Ajoutons leur ignorance, suite de leur misère : Une routine qui se transmet de générations en générations, les a retenus dans les ornières de l'habitude, et peu d'entre eux ont su apprécier les avantages des nouvelles méthodes.

La faute commise par les anciens seigneurs, qui, au lieu d'afféager ceux des terrains vagues qu'ils ne voulaient pas incorporer à leurs domaines, préférèrent d'y accorder un simple droit de communer; droit qui, dans la suite, gêna les afféagements qu'ils eurent l'intention de faire.

Enfin, les excès repréhensibles auxquels se portaient, contre les afféagistes, ceux des vassaux qui se prétendaient inféodés du droit de communer : ils détruisaient les fossés, rasaient les clôtures, coupaient les arbres, pillaient les récoltes et démolissaient même les édifices.

Les recueils de la jurisprudence bretonne nous retracent fréquemment de pareils excès, que n'arrêtaient point les mesures de rigueur ordonnées par le réglement du 10 décembre 1736. L'impossibilité où l'on se trouvait souvent d'atteindre les coupables, suggéra, contre les voisins qui pouvaient être innocents, une disposition qui les rendait civilement responsables du dommage causé (1). L'intérêt général peut commander de semblables lois ; mais, à coup sûr, l'équité s'en afflige.

Quoi qu'il en soit, la Bretagne fut, comme nous l'avons dit, le théâtre des voies de fait commises par les vassaux, et notre département nous en offre encore des exemples vivants.

Depuis 1785, les afféagistes des prairies dites de Couëron ne jouissent que très-imparfaitement de leur propriété.

Depuis environ la même époque, la famille Tiger, afféagiste, dans la commune du Loroux, voit encore entièrement détruits, et les fossés qu'elle avait élevés, et les édifices qu'elle avait fait construire à grands frais.

A une époque plus récente, n'a-t-on pas mutilé, et les plantations, et les bestiaux d'un propriétaire de l'arrondissement de Savenay ?

Enfin, naguère, une troupe de paysans égarés n'a-t-elle pas, malgré les défenses de l'administration, causé un préjudice immense aux travaux du desséchement des marais de Donges ?

---

(1) V. Duparc, tome 2, p. 383 et suiv. — Une loi de la législation intermédiaire a aussi organisé un système de responsabilité contre les communes, à l'occasion de certains délits commis sur leur territoire.

Ces exemples, et tant d'autres semblables que l'on pourrait citer, eurent nécessairement pour résultat de refroidir un grand nombre de personnes disposées à entreprendre des défrichements : traiter avec les seigneurs était une chose possible ; mais lutter, durant plusieurs générations, contre une foule de vassaux opiniâtres qui se permettaient tout, était vraiment une perspective effrayante.

III.e QUESTION.

Quelles sont les modifications apportées à la législation bretonne, par les lois postérieures à 1789?

Tel était, sous ce rapport, l'état des choses, lorsque éclata la révolution : heureuse la France, si l'on n'avait pas dépassé les bornes marquées par le besoin d'une sage amélioration !

Quoi qu'il en soit, la révolution a beaucoup servi l'agriculture ; et, pour ne pas sortir de notre sujet, nous n'envisagerons cette proposition que sous le rapport des *terres vaines et vagues.*

En 1789, on porta le dernier coup à la féodalité : il tomba cet arbre antique dont Montesquieu avoue qu'on ne pouvait apercevoir les racines, et dont les vastes rameaux avaient, durant tant de siècles, couvert le sol français.

En 1791, les seigneurs perdirent le privilége de s'approprier les terres *vaines et vagues*; mais ils furent maintenus dans la propriété de celles dont ils avaient *pris publiquement possession* (1).

En 1792, on réintégra les communes dans la propriété des biens dont elles avaient été dépouillées. On leur attribua même les terres *vaines et vagues* dont elles ne pourraient pas justifier *avoir été anciennement en possession*, mais à la condition qu'elles formeraient leur réclamation dans un délai de cinq ans (2).

L'expiration de ce délai n'opère point d'échéance contre les communes, qui, n'ayant pas réclamé, se sont néanmoins, *sans violence*, mises ou maintenues en possession (3).

La loi de 1792 laissa seulement aux seigneurs les terres *vaines et vagues*, à l'égard desquelles ils prouveraient leur droit de propriété, *soit par titres, soit par une possession exclusive de 40 ans* (4).

En 1793, on déclara insuffisante la possession de 40 ans, et l'on exigea des anciens seigneurs un titre légitime, *qui n'émanât pas de la puis-*

---

(1) Loi des 13-20 avril 1791, tit. 1, art. 7, 8 et 9.

(2) Loi du 28 août 1792, art. 1 et 9.

(3) V. Sirey, tom. 17, 1, 109; tom. 22, 1, 355; tom. 23, 1, 367.

(4) Loi du 28 août 1792, art. 9.

sance féodale (1). C'était exiger une chose presque impossible, ou du moins fort rare; car le droit des anciens seigneurs sur les terres vaines et vagues, ne se rattachait, en général, qu'au système de la féodalité.

Dans un mémoire publié pour M. le marquis de Coislin, on a prétendu que ces lois avaient toutes été rédigées dans le même esprit. C'est une erreur : il y a, dans ces lois, une sévérité progressive, que l'on ne saurait méconnaître et qui d'ailleurs est en parfaite harmonie avec les idées des législateurs, à ces différentes époques. La loi de 1791 était plus favorable aux anciens seigneurs que la loi de 1792, et, aux rigueurs de cette dernière loi, celle du 10 juin 1793 ajouta encore de nouvelles rigueurs (2).

PREMIÈRE PARTIE

DE LA IV.e QUESTION.

Quels sont aujourd'hui, en Bretagne, les corps ou collections d'individus que la législation actuelle répute propriétaires des terres vagues et décloses?

Si nous composions un traité sur la législa-

(1) Loi du 10 juin 1793, sect. 4, art. 1 et 8.

(2) V. Nouv. Répert., au mot communaux, §. 2, et au mot fief, sect. 2, §. 6.

tion *générale* des biens communaux, *en France*, il nous incomberait de commenter toutes les lois faites sur la matière, et de présenter l'analyse des nombreuses décisions rendues à cette occasion. Mais n'oublions pas que notre sujet n'embrasse que les *terres vaines et vagues situées en Bretagne*, et que pour nous occuper utilement de cette *spécialité*, il nous suffit d'avoir indiqué les principes généraux du droit commun.

Lorsque les nouveaux législateurs fixèrent leur attention sur les terres vaines et vagues, ils ne purent se dissimuler que le droit breton avait établi un ordre de choses qui réclamait une exception.

Le système général des lois que nous avons citées, supposait que les terrains attribués aux communes leur avaient été ravis par l'abus de la puissance féodale. Ce principe une fois admis, la restitution ne devait plus paraître qu'un acte de justice.

Mais, en Bretagne, il y avait toujours eu fort peu de *communaux*. La raison suggérait bien que ces landes immenses n'avaient pu passer dans les mains des seigneurs sans une usurpation que couvrait l'obscurité des siècles. Mais avant cette usurpation, à qui ces landes appartenaient-elles?

Aucun monument historique ne répondait à cette question. Ou plutôt, il y avait, dans le pays, une histoire toute *vivante*, les anciens vassaux inféodés du droit de communer; ces hommes placés dans le voisinage de ces landes; ces hommes, que la proximité des lieux signalait comme les successeurs malheureux des *premiers occupants* (1); ces hommes enfin, qui, pour la plupart, payaient déjà une rente, afin de jouir de ces terrains, et qui, par cela même, y avaient plus de droit que tous autres.

Ces considérations, jointes au désir louable de favoriser les défrichements, dictèrent vraisemblablement au législateur d'alors, l'art. 10 de la loi du 28 août 1792. Il est ainsi conçu :

« Dans les cinq départements qui composent » la ci-devant province de Bretagne, les terres *ac-* » *tuellement vaines et vagues, non arrentées, af-* » *féagées ou acensées* jusqu'à ce jour, connues sous » le nom de communes, etc...., *appartiendront* » *exclusivement, soit* aux communes, *soit* aux » habitants des villages, *soit* aux ci-devant vas- » saux, qui sont *actuellement* en possession *du* » *droit* de communer, couper des landes, bois ou » bruyères, pacager ou mener leurs bestiaux dans » lesdites terres, situées dans l'enclave ou le voi- » sinage des ci-devant fiefs. »

De graves jurisconsultes avaient prétendu que cet article était abrogé par la loi du 10 juin 1793; mais leur système a été proscrit, tant par la

(1) V. *Suprà*, p. 9 et 10.

Cour royale de Rennes, que par la Cour de Cassation (1) ; de telle sorte que, pour la Bretagne, toute la nouvelle législation, en matière de terres vaines et vagues, est renfermée dans l'article que nous venons de transcrire.

Cet article est exceptionnel, puisqu'il établit pour la Bretagne, un droit spécial, à plusieurs égards.

Cet article d'ailleurs n'exige assurément pas un long commentaire.

Il n'attribue aux personnes qu'il désigne que les terres *actuellement vaines et vagues*..... D'où la conséquence que les anciens seigneurs qui (antérieurement à la promulgation de la loi du 28 août 1792) avaient *enclos*, *cultivé* ou *planté* de semblables terrains, en ont conservé la propriété. Ils n'ont eu besoin, pour cela, ni de la possession de 40 ans, exigée par l'art. 9 de cette loi, ni du titre légitime voulu par l'art. 8 de la loi du 10 juin 1793. En voici la raison :

L'art. 10 de la loi du 28 août 1792 est spécial pour la Bretagne, et l'on ne saurait modifier son texte par des dispositions faites pour les autres parties de la France. Or, dans nos cinq départements, il n'y a d'attribué aux communes, habitants des villages ou ci-devant vassaux, que

(1) V. Sirey, tom. 27. 1. 394.

les terres qui étaient *vaines et vagues*, *à l'époque* du 28 août 1792; d'où il suit que ces trois ordres de personnes ne peuvent rien prétendre sur les terres, qui ne se trouvaient pas *alors* dans cette catégorie, et que, par conséquent, elles restent la propriété des anciens seigneurs.

Cet art. 10 n'attribue aux communes, habitants des villages ou ci-devant vassaux, que les terres vaines et vagues *non arrentées, afféagées ou acensées jusqu'à ce jour*..... Ainsi donc, les concessions de propriété faites par les anciens seigneurs jusqu'au 28 août 1792, sont respectées. Les individus qui avaient acquis de semblables terrains, par arrentement, afféagement ou acensement, en sont devenus légitimes propriétaires, et vainement leur opposerait-on que ces terrains n'ont pas cessé d'être *vains et vagues*; car ils répondraient victorieusement que la loi de 1792 les a exceptés de l'attribution qu'elle fait aux trois ordres de personnes appelées; que, suivant le droit général, un titre, appuyé des moindres actes de possession, suffit pour conserver le droit de propriété (1), et que des individus sans titre, n'ont pu prescrire contre eux (2).

Si, pourtant, ces terres étaient déjà soumises

---

(1) Duparc, tom. 6, p. 247, n. 28.
(2) Coutume, art. 393.

au droit de communer, avant que le seigneur les aliénât, les vassaux inféodés de ce droit, auraient, contre l'ayant-cause du seigneur, l'action qu'ils auraient eue contre ce dernier : ils pourraient demander un cantonnement, comme nous l'avons expliqué à la page 24 ; et alors il faudrait distraire de l'afféagement, de l'arrentement ou de l'acensement, le terrain nécessaire au pacage des bestiaux appartenant aux vassaux inféodés ; terrain sur lequel ils n'auraient eu autrefois qu'un droit d'usage ; mais terrain qui leur appartiendrait aujourd'hui en toute propriété, suivant l'art. 10 de la loi du 28 août 1792.

Enfin, cet article n'attribue pas, d'une manière *collective*, aux communes, aux habitants des villages et aux anciens vassaux, les terres dont il parle. Ces personnes ne sont pas appelées pour profiter *simultanément* de la disposition, pour *concourir* et *partager* ensemble. Elles ne sont appelées que *successivement*, et l'une au défaut des autres. La possession du droit de communer est la raison de préférence. Aux yeux du législateur de 1792, les *usagers* ont paru seuls avoir un titre à la propriété des terres vaines et vagues. Tel est l'esprit et le sens grammatical de l'art. 10 de la loi citée.

Arrivons maintenant à l'application de la loi : il nous semble facile d'apprécier le droit de chacun.

Les communes : Elles sont propriétaires, savoir ;

Premièrement, Des terres vaines et vagues qui, situées dans les limites de leur territoire, dépendaient des fiefs et domaines proches que le roi possédait en Bretagne, et que Sa Majesté céda moyennant les 150,000 liv. que lui payèrent les états de la province ;

Deuxièmement, Des terres vaines et vagues dont les seigneurs avaient concédé la propriété à la *généralité* des habitants d'une paroisse, aujourd'hui commune ;

Troisièmement, Des terres vaines et vagues sur lesquelles les seigneurs avaient accordé à la *généralité* des habitants d'une paroisse, le droit de communer ;

Quatrièmement, Enfin, les communes sont propriétaires, ainsi que nous l'expliquerons bientôt, des terres vaines et vagues, ou qui ne sont pas réclamées par les vassaux inféodés, ou qui ne leur appartiennent pas. (V. *infrà*, p. 43 à 50.)

Mais rappelons, ici, qu'il était rare, en Bretagne, que les concessions du droit de propriété ou du simple droit d'usage fussent accordées à la *généralité* des habitants des paroisses. Cela provenait vraisemblablement, 1.° de ce que les fiefs, en Bretagne, étaient beaucoup plus multipliés que les paroisses, et de ce qu'habituellement chaque seigneur ne faisait de concessions qu'en faveur de ses vassaux immédiats ; 2.° de ce qu'en général, des terrains qui ne produisaient qu'un maigre paturage et quelques litières, ne pouvaient être utiles qu'aux habitants du voisinage, et nullement aux membres de la paroisse fixés à une grande distance de ces mêmes terrains : les avantages du droit de communer n'auraient pas compensé la perte de temps et la fatigue attachées à la nécessité de parcourir un si long trajet.

En Bretagne, il y a donc beaucoup de terres vaines et vagues, qui n'appartiennent point aux communes, et, cependant, presque partout, les communes bretonnes se sont fait illusion au point de s'emparer de ces terres et de les vendre au préjudice des vassaux inféodés : l'ambition de quelques individus et l'ignorance des vrais principes de la matière ont amené ce résultat.

Les habitants des villages : Ils sont propriétaires ;

Premièrement, Des terres vaines et vagues situées dans les limites de la concession que leur fit le seigneur, sous le nom de *tenues*. Comme ces espèces de concessions embrassaient la propriété du fonds, les habitants des villages n'ont pas eu, sous ce rapport, besoin de la disposition de l'art. 10 de la loi du 28 août 1792 ; leur droit est écrit dans le titre qui leur acorde la *propriété* des terrains circonscrits dans les limites de la *tenue.*

Deuxièmement, Ils sont encore devenus, par le bénéfice de cette loi, propriétaires des terres vaines et vagues sur lesquelles on leur avait concédé le droit de communer.

Les ci-devant vassaux : Ils sont également devenus propriétaires des terrains sur lesquels ils étaient inféodés du droit de communer. La jurisprudence bretonne ne faisait produire à cette inféodation qu'un droit d'usage, et c'est ce droit d'usage que l'art. 10 de la loi du 28 août 1792 a converti en droit de propriété.

Mais il ne faut pas s'imaginer que la qualité de simples vassaux suffise pour qu'on puisse aujourd'hui réclamer ce droit de propriété. L'on pouvait être vassal sans être inféodé du *droit* de communer, et ce n'est qu'aux vassaux en possession de ce *droit*, que la loi du 28 août 1792 accorde la propriété des terres vaines et vagues.

Ainsi donc, avec un peu d'attention, il est aisé de reconnaître les personnes en qui réside ce droit de propriété.

Comment maintenant arrivera-t-on à la démonstration de ce droit?

D'abord, la preuve du *fait* seul de la possession ne serait pas suffisante ; 1.° parce qu'il était de maxime constante en Bretagne, que le droit des vassaux ne pouvait résulter que d'un titre, et que l'art. 393 de la coutume de cette province n'attribuait aucune efficacité à la simple possession sur les terrains déclos. 2.° Parce que l'art. 10 de la loi du 28 août 1792 n'exige pas seulement la preuve du *fait* de possession; il veut la possession du *droit* de communer : ce qui est bien différent. Le *fait* est un acte purement physique ou *matériel* que chacun peut se permettre arbitrairement, et ce n'est pas à de pareils actes que le législateur a voulu attacher le bénéfice de la propriété. Il ne l'accorde qu'à l'exercice, qu'à la possession de cette *aptitude légale*, qui nous autorise à jouir de certains avantages sociaux.

Mais de quelle manière prouvera-t-on la possession du *droit* de communer?

Dans l'absence d'une loi spéciale à cet égard, il faut bien rentrer sous l'influence des principes généraux, en matière de preuves. Nous pensons seulement que les tribunaux ne devraient pas se montrer trop rigoureux sur ce point.

En effet, nous avons vu qu'à l'époque de la révolution, la *plupart* des vassaux étaient inféodés du droit de communer; qu'autrefois même, l'*usement particulier du fief* dispensait une partie des vassaux de l'obligation de représenter leurs aveux, et que les troubles de la révolution ont causé la perte d'un grand nombre de titres. L'équité semble donc exiger que les tribunaux prennent en considération ces diverses circonstances. C'est aussi ce qu'a fait la Cour royale de Rennes, par son arrêt rendu dans l'affaire Sauvaget et consorts, contre la commune de Saint-Père-en-Retz. Elle a permis la preuve testimoniale à ceux des vassaux qui ne représentaient pas d'aveux, et, bien qu'il soit assez difficile de prouver aujourd'hui *par témoins,* qu'on était, à l'époque du 28 août 1792, en possession du *droit* de commoner, cela pourtant n'est pas impossible.

Jusqu'ici nous avons raisonné dans la supposition que les communes, les habitants des villages, ou les ci-devant vassaux parviendront à la démonstration de leur droit. Mais si aucun d'eux ne faisait la preuve exigée, à qui appartiendraient les terres vaines et vagues?

D'abord, les anciens seigneurs en ont été dépossédés, et l'on ne pourrait pas aujourd'hui les réclamer en leur nom ou de leur chef; à moins, pourtant, qu'ils n'eussent des droits, *à titre particulier et indépendamment de leur qualité de seigneurs du fief.*

Ce cas excepté, il faut donc nécessairement opter entre les communes et les ci-devant vassaux.

Dans le silence, à cet égard, de l'art. 10 de

la loi du 28 août 1792, on doit rentrer sous l'empire des dispositions générales, lesquelles attribuent aux communes *les terres vaines et vagues dont elles ne pourraient pas justifier avoir été anciennement en possession* (1).

L'article 10 de la loi de 1792 forme un droit *exceptionnel*, auquel on ne peut donner d'extension. Or, cet article ne confère aux habitants des villages (non plus qu'aux ci-devant vassaux) que les terres sur lesquelles ils étaient *en possession du droit de communer*; d'où l'on doit inférer qu'aux yeux du législateur, ils sont sans titre, respectivement aux autres terres.

Pour savoir à qui appartiennent ces *autres terres*, il faut donc interroger et suivre la loi générale. En un mot, la disposition *spéciale* est muette à l'égard des terres *non soumises* à la possession du *droit* de communer; elle ne peut donc pas les régir. Le principe général reprend donc alors toute son influence.

Mais il arrivera souvent que plusieurs anciens vassaux inféodés du droit de communer, négligeront de réclamer : à qui, dans ce cas, appartiendra la part qui leur serait incombée? Appartiendra-t-elle aux vassaux réclamants, ou bien aux communes?

---

(1) Loi, 28 août 1792, art. 9. — Loi du 10 juin 1793, art. 8.

Nous pensons que les communes deviennent propriétaires des parts ainsi abandonnées.

En effet, l'article 10 de la loi du 28 août 1792 a bien converti en droit de propriété, l'ancien droit d'usage qu'avaient les ci-devant vassaux *inféodés ;* mais il n'a rien changé, quant à l'étendue superficielle de ce droit : en d'autres termes, il n'a pas accordé la propriété de tout le terrain vague, au vassal qui, par exemple, n'était fondé que pour la centième partie, dans l'ancien droit d'usage. En rendant les *usagers*, *propriétaires*, le nouveau législateur n'a point modifié les *proportions* de leur droit ; de sorte que chacun d'eux n'est fondé, dans la propriété que pour la part qu'il avait dans la jouissance.

Supposons une lande de cent hectares, sur laquelle cinquante vassaux étaient inféodés du droit de communer dans une égale proportion ; il est évident que d'après l'art. 10 de la loi du 28 août 1792, chaque vassal pourrait prétendre à la propriété de deux hectares.

Mais si quarante-neuf de ces vassaux ne veulent pas réclamer, nous disons que le cinquantième ne peut pas demander la totalité de la lande ; que, même dans ce cas, il n'a droit qu'à la cinquantième partie.

D'abord, l'article 10 de la loi 1792, n'établit

point cette espèce de droit d'*accroissement* au profit des vassaux réclamants ; et l'on doit même faire observer que ce système serait contraire à l'esprit de la loi, qui n'a voulu que *rétablir les communes et les citoyens dans les propriétés dont ils avaient été dépouillés par l'abus de la puissance féodale* (1).

Or, jamais *l'un des vassaux inféodés* n'a eu *seul* la jouissance du terrain soumis au droit de communer. Cette jouissance, il l'avait en concours avec d'autres vassaux, souvent très-nombreux. Comment donc soutenir que le vassal, réduit autrefois à la plus minime fraction du droit d'usage, est néanmoins devenu l'unique propriétaire d'un terrain immense ; que celui, par exemple, qui n'avait faculté de conduire au pacage qu'une tête de bétail, a maintenant la propriété du fonds, quelle qu'en soit l'étendue ? Voilà ce qui nous semble tout-à-fait intolérable.

Qu'importe que les vassaux appelés par la loi de 1792 aient, entre eux, une co-propriété indivise ? L'état d'indivision n'attribue point à l'un des intéressés la part de ceux qui l'abandonnent.

Qu'importe encore que la rente imposée à une partie des vassaux fût *solidaire* ?

---

(1) V. loi du 28 août 1792 et loi du 10 juin 1793. Sect. 4, art. 9.

La *solidarité* de la rente ne faisait point du droit de pacage accordé à plusieurs, un droit *indivisible*, quant à son exercice; et chaque vassal restait soumis à la règle qui déterminait le nombre des bestiaux qu'il pouvait mener paître.

D'ailleurs, il y avait des vassaux inféodés qui ne payaient aucune rente pour le droit de communer, et celles des rentes imposées aux autres ont même été abolies.

Ajoutons que le droit de communer était, le plus souvent, accordé à chaque vassal *en particulier* (1).

N'oublions pas, non plus, que ce droit n'était, en dernière analyse, qu'*une servitude*, qu'*un droit d'usage*. Or, il était et il est encore de principe que l'extinction d'un pareil droit s'opère au profit du propriétaire du fonds (2).

Enfin, l'argument puisé dans la *solidarité* de l'ancienne rente serait d'autant plus fragile qu'en thèse générale, les rentes même solidaires, dues aux ci-devant seigneurs, se *réduisaient* en proportion des droits qui leur revenaient du chef de leurs vassaux débiteurs, soit par suite d'*acquisitions*, soit par l'événement des *deguerpissements* et *déshérences* (3).

---

(1) Duparc, tom. 2, p. 371.

(2) V. Cod. civ., art. 617, 625 et 705.

(3) Duparc, tom. 2, p. 107, 108 et 350.

Ainsi, le vassal qui abandonnait son droit de pacage, cessait de contribuer à la rente stipulée, laquelle diminuait d'autant pour les autres vassaux, et le droit d'usage abandonné s'éteignait au profit du seigneur propriétaire.

Concluons donc qu'un ci-devant vassal inféodé du droit de communer, ne peut aujourd'hui réclamer dans la propriété du fonds, qu'une portion *correspondante* à son ancien droit d'usage; et que la part des non-réclamants appartient aux communes, lesquelles ont été substituées, par la loi générale, au privilége qu'avaient les seigneurs *sur les terres vaines et vagues*.

De la proposition vraie que chaque vassal ne peut prétendre qu'une part *correspondante* à son ancien droit d'usage, dérive cette autre conséquence, *que les communes peuvent, comme le pouvaient autrefois les seigneurs, provoquer un cantonnement, à l'effet de déterminer la portion qui revient aux vassaux, suivant l'article 10 de la loi du 28 août 1792*. Un exemple va rendre la chose plus sensible :

Dans une lande contenant cent arpents, un seigneur breton avait concédé à deux de ses vassaux, le droit de mener au pacage, l'un dix têtes de bétail, et l'autre vingt.

Sous l'ancienne jurisprudence, le seigneur aurait pu restreindre cette servitude d'usage, au nombre d'arpents nécessaires pour l'exercice du pacage de trente têtes de bétail ; et, supposé que dix arpents eussent été reconnus ou jugés suffisants, les deux vassaux se seraient vus *cantonnés*, *réduits* à ce nombre. Ils n'auraient eu aucun droit sur les quatre-vingt-dix autres, dont le seigneur aurait pu disposer librement.

Eh bien, c'est dans cet état de choses que le législateur de 1792 a saisi, et les communes, et les vassaux bretons. Il n'a accordé à ces derniers que la propriété des terres vaines et vagues sur lesquelles ils étaient en possession *du droit* de communer, et rien de plus.

Il est donc certain que, dans la supposition d'un cantonnement *préexistant*, l'article 10 de la loi du 28 août 1792, n'eut attribué aux deux vassaux dont nous avons parlé, que les dix arpents compris dans les limites de leur cantonnement ; que sur les quatre-vingt-dix autres, ils n'auraient eu aucune espèce de *droit*, et que ces quatre-vingt-dix autres arpents auraient appartenu à la commune, suivant les principes généraux de la législation. Ceci nous paraît d'une évidence palpable.

Maintenant, l'absence d'un cantonnement avait-il pour résultat d'agrandir, d'étendre le *droit* des vassaux inféodés? Non : sous l'ancienne jurisprudence, qu'il y eut ou qu'il n'y eut pas cantonnement, le *droit* restait toujours le même ; ni plus restreint, ni plus étendu. Ce n'était jamais, dans l'exemple choisi, que trente têtes de bétail que l'on pouvait conduire au pacage.

Sans doute, par le *fait*, ces trente têtes de bétail vaguaient sur une plus grande surface de terrain, lorsqu'il n'y avait pas de cantonnement ; mais, au fond, ce n'était encore que le pacage de trente têtes de bétail ; ce n'était que l'équivalent de dix arpents soumis au paturage. Le *droit* des vassaux était ainsi borné. Ils ne pouvaient dépasser cette limite, parce qu'au-delà, ce n'eût plus été le *droit*, mais l'*abus*.

Or, l'article 10 de la loi de 1792 n'a sanctionné que la possession du *droit* ; du *droit*, tel qu'il existait *alors*, avec la seule modification que ce qui n'appartenait aux vassaux qu'à titre de *simple usage*, leur appartiendrait désormais à titre *de propriété* ; en d'autres termes, que les deux vassaux à qui dix arpents étaient indispensables pour exercer leur droit de pacage, en deviendraient pleinement propriétaires.

Ces deux vassaux ne peuvent donc réclamer que ces dix arpents : la loi ne leur accorde que cela. Les quatre-vingt-dix autres, qui ne leur ont pas été attribués, restent, par l'influence du droit général, la propriété de la commune, à qui il est, comme nous l'avons dit, loisible de provoquer un partage ou le cantonnement.

Abstraction faite de la quantité de terre nécessaire aux vassaux inféodés du droit de communer, voilà la règle qui nous semble devoir être appliquée, chaque fois que l'étendue des terres vaines et vagues excède les besoins du pacage, ou, ce qui revient au même, le *droit* des vassaux inféodés.

DEUXIÈME PARTIE
DE LA VI.e QUESTION.

Quels moyens sont offerts par l'organisation actuelle pour faire cesser la possession commune ?

Après avoir expliqué à quels caractères on reconnaît le droit de propriété sur les terres vaines et vagues, et à quel mode de justification il se trouve soumis, voyons quels moyens existent actuellement de faire cesser la possession commune.

Nous n'en connaissons que deux, le *partage* et la *vente*. Mais il convient d'examiner chacun de ces deux moyens, par application aux trois ordres de personnes que nous avons déjà signalés.

§. I.er

Des terres vaines et vagues appartenant aux communes.

Bien différent de notre ancienne législation, le décret du 14 août 1792 voulait que, *dans l'année*, on procédât au partage des terrains et usages communaux, *autres que les bois*.

La loi du 10 juin 1793 rendit ce partage facultatif; mais il fut sursis à l'exécution de cette loi, laquelle excita de justes, de vives et nombreuses réclamations (1).

Aujourd'hui, il faut, pour opérer ce partage, l'autorisation du gouvernement, qui la refuse ou l'accorde, suivant que la mesure proposée lui paraît avantageuse ou préjudiciable à tous les intérêts légitimes.

Quant à l'aliénation de ces sortes de biens, il fallait, pour la consommer, l'assentiment du législateur (2). L'autorisation par décret fut ensuite substituée à l'autorisation par une loi. Les ordonnances ont depuis remplacé les décrets. *Voilà*, dit M. le baron de Cormenin, *le mode actuel; illégal, mais usité.*

C'est donc aux autorités locales administratives qu'il appartient de délibérer sur ce qu'il y a de mieux à faire dans l'intérêt général combiné avec l'intérêt de leurs administrés, et de solliciter ensuite du gouvernement l'autorisation de partager ou de vendre ces terrains communaux.

§. 2.

Des terres vaines et vagues appartenant aux habitants des villages.

Suivant le droit général, les habitants des

---

(1) Loi du 24 prairial an 4. — Loi du 9 ventôse an 12. — Décret du 9 brumaire an 13.

(2) Loi du 2 prairial an 5.

villages, considérés relativement à leur intérêt local, forment des sections de commune (1).

Les biens qu'ils possèdent ainsi en commun sont des biens appartenant à la communauté villageoise ou section de commune ; ce sont donc de véritables communaux. Ainsi, tout ce que nous avons dit sous le paragraphe précédent, recevrait ici son application, avec cette modification pourtant, que les membres de la communauté villageoise profiteraient seuls de la vente des terres incultes, ou concourraient seuls au partage de ces terres.

Mais la définition des sections de commune, donnée par le droit général, convient-elle bien aux habitants des villages bretons ? Les terres vaines et vagues qui leur appartiennent ont-elles bien le caractère de communaux ?

Ce qui pourrait nous porter vers le doute, c'est qu'il y a un assez grand nombre de villages en Bretagne, qui possèdent des terrains vagues, comme dépendances des *tenues*, qui leur furent concédés à titre de propriété ; et ces terrains vagues paraissent plutôt des co-propriétés *indivises*, que des biens *communaux*.

---

(1) Loi du 10 juin 1793, sect. 1, art. 2. — Code civil, art. 542. — Syrey, tom. 21, 2, 113. — tom. 23, 2, 163.

Quant aux terres vaines et vagues attribuées aux habitants des villages, par l'article 10 de la loi du 28 août 1792, ces habitants ne les possèdent qu'à un titre analogue à celui des ci-devant vassaux inféodés, lesquels ne forment certainement point, entr'eux, des sections de commune.

Néanmoins, nous inclinons à penser que la cause ou l'origine de la propriété est indifférente ici; que le lien commun, l'intérêt local existe, et que ce fait là seul est suffisant pour que l'on doive assimiler aux sections de commune les habitants des villages bretons, sauf pourtant à se conformer aux titres, s'ils prescrivaient un mode particulier de partage, soit quant au terrain, soit quant à la jouissance.

D'ailleurs, en plaçant à cet égard les habitants des villages bretons sous la tutelle de l'administration, on ne compromet en aucune manière leurs intérêts légitimes, et nous les considérons définitivement comme formant des sections de commune.

§ III.

Des terres vaines et vagues appartenant aux vassaux.

Ces terrains n'ont point le caractère et ne sont point soumis au régime des biens communaux.

Ce sont des propriétés privées, indivises et placées sous l'influence des principes généraux du droit.

Dans l'état actuel de notre législation, l'autorité administrative ne peut rien pour accélérer le partage ou la vente de ces sortes de biens. Les co-propriétaires en ont seuls la libre disposition.

Suivant le principe consacré par les articles 815 et 827 du code civil, le partage ou la licitation peut être provoquée par un seul des intéressés : voilà le moyen.

Mais quelle sera, en cas de partage ou de vente, la portion afférente à chacun des co-propriétaires ?

Des jurisconsultes avaient pensé qu'il fallait, en ce cas, suivre les règles tracées pour le partage des biens communaux. Cette opinion, qui prévalut long-temps, était erronée :

Si les titres indiquent des proportions, il faut s'y conformer (1).

Ces proportions sont quelquefois annoncées dans les aveux, mais toujours d'une manière indirecte ; puisque sous l'ancienne jurisprudence les vassaux ne pouvaient pas se partager le terrain sur lequel ils n'étaient qu'inféodés du droit

(1) V. Sirey, 21, 1, 145.

de communer. *La proportion* dans *les rentes* payées par les vassaux,... *le nombre des bestiaux* que chacun d'eux pouvait conduire au pacage,.... *la quantité des terres productives*, à raison desquelles le droit de communer était concédé.... voilà, le plus souvent, les énonciations qui peuvent nous éclairer sur *l'étendue relative* du droit d'usage des différents vassaux. Une fois connue, cette étendue, quant au droit de jouissance, devient la règle, quant au droit de propriété.

Outre qu'il est naturel de diviser le terrain en portions *correspondantes* à la jouissance ancienne de chaque vassal, il faut encore reconnaître qu'en effet le vassal qui payait vingt sous de rente, avait un droit plus *étendu* que celui qui n'en payait que dix seulement; que le vassal qui possédait cinquante têtes de bétail et cinquante journaux de terres cultivées, avait plus de besoins, relativement au pacage et aux engrais, que celui qui n'en possédait que vingt-cinq. Il faut reconnaître enfin que l'art. 10 de la loi du 28 août 1792, s'est borné, comme nous l'avons déjà dit, à convertir en propriété, le simple usage des vassaux bretons, sans aucunement modifier les proportions de cet ancien droit d'usage; nous croyons l'avoir démontré.

Mais un grand nombre d'aveux sont muets, quant aux énonciations qui concernent l'étendue relative de la jouissance des anciens vassaux.

Dans ce cas, il faut recourir à la règle qu'avait adoptée l'ancienne jurisprudence bretonne, pour déterminer *le mode* du droit de communer. Suivant cette règle, chaque vassal ne pouvait conduire au pacage que le nombre des bestiaux *qu'il nourrissait, durant l'hiver, avec les pailles et foins provenant de celles de ses terres cultivées auxquelles était attaché le droit de communer.* Supposons, par exemple, que de trois vassaux inféodés, l'un pût nourrir ainsi quinze têtes de bétail, l'autre dix, et le troisième cinq; ils auraient eu le droit de communer dans la proportion qu'on vient d'indiquer, et cette proportion devrait encore aujourd'hui servir de base, soit pour le partage du fonds, soit pour la distribution du prix provenant de la vente.

On arrivera facilement au calcul du nombre des bestiaux qu'un vassal pouvait nourrir durant l'hiver, lorsque l'on connaîtra la quantité des anciennes terres cultivées qu'il possédait et auxquelles était attaché le droit de communer. Il n'est pas en effet, un seul cultivateur expérimenté, qui ne puisse aisément déterminer le terme moyen des récoltes en pailles ou en foins, de telle pièce de terre, et la consommation que fait, pendant l'hiver, telle ou telle tête de bétail.

Mais comment reconnaître ces terres?

Au moyen des aveux, qui contiennent l'énumération des pièces possédées par le vassal, dans l'enclave du fief, avec la mention que ces pièces de terres sont ou non en état de culture; qu'elles ont tels débornements et telle contenance.

Il ne peut donc exister de difficulté sérieuse, que pour ceux des vassaux inféodés qui ne représenteraient pas de titre, ou dont le titre ne serait pas satisfaisant à cet égard. En effet, dans un grand nombre de localités, la *physionomie* du terrain a changé, de manière à embarrasser la science de l'observateur.

Cependant, des hommes exercés et aidés des renseignements que leur fourniront la notoriété publique et les localités mêmes, peuvent encore distinguer les pièces de terre mises depuis longtemps en culture, d'avec les pièces de terre plus récemment défrichées. *L'état des fossés et des haies*, *l'âge des arbres*, etc., seront des indices, qui concourront à les éclairer dans cette recherche.

Mais, enfin, s'il était impossible de découvrir les traces de l'ancienne jouissance des vassaux, quant à son étendue relative, nous pensons qu'il faudrait alors en revenir au mode de partage introduit pour les biens communaux ; au mode de partage *par feux* ou *par chefs de famille* (1), beaucoup plus raisonnable que le partage *par têtes*, qu'avait organisé la loi du 10 juin 1793, abrogée en cette partie.

Concluons donc que notre législation actuelle offre aux administrateurs et aux particuliers, *qui veulent en user*, les moyens de faire cesser la jouissance en commun des terres vaines et vagues de la Bretagne.

TROISIÈME PARTIE

DE LA IVe QUESTION.

Quelles sont les difficultés les plus habituelles et les inconvénients qui se présentent dans l'application de ces moyens ?

Plusieurs obstacles s'opposent à l'emploi de ces moyens.

D'abord, il y a beaucoup de landes dont la propriété flotte incertaine entre *les communes*, *les habitants des villages et les ci-devant vassaux*.

Des prétentions contraires sont en présence, et tant que la question de propriété n'aura pas

---

(1) V. notamment le nouv. répert. aux mots marais, §. 2, 4 et 5, et partage, §. 10, art. 4. — Sirey, 14, 1, 163.

été résolue, la disposition ultérieure de ces terrains restera impossible ; car, dans cet état de choses, qui osera, ou les partager, ou les acquérir ?

Nous avons, dans notre département, des terrains vains et vagues qui ont été aliénés par des communes dûment autorisées, renfermés et défrichés à grands frais par les acquéreurs, et ensuite réclamés par de prétendus vassaux inféodés, lorsqu'ils ont vu que l'industrie pouvait fixer la production sur ces terres si long-temps dédaignées. Assurément, un pareil résultat n'est pas encourageant, et personne ne voudra attacher son travail et confier ses avances à des propriétés essentiellement litigieuses.

Ajoutons qu'il subsiste encore dans un grand nombre de localités, et qu'on l'invoque toujours comme un motif de résistance, l'aveugle préjugé qu'une jouissance en commun est plus avantageuse! Chose étrange! n'avons-nous pas vu tout récemment de graves personnages proclamer, contre l'évidence, que le dessèchement des marais de Donges était une calamité pour le pays où il s'exécute?

Enfin, l'impossibilité où l'on se trouve souvent de connaître et, par conséquent, d'assigner tous les intéressés (1) ;.... la crainte de faire contre tant

---

(1) Dans le procès des *Masuriers* de Joué, il y avait eu environ deux cents personnes d'assignées, des jugements préparatoires, des procès-verbaux

d'individus une procédure irrégulière,.... l'énormité des frais de timbre, d'enregistrement, de greffe et d'expertise (1) : telles sont, en général, les causes qui, si le gouvernement n'y remédie, maintiendront long-temps encore nos vastes landes dans l'état où nous les voyons; état de choses qui arrête, en Bretagne, les progrès de l'agriculture; état de choses qui n'est pas sans influence sur le physique des animaux, ni même sur la situation d'une partie des paysans bretons.

Voyez comme ils sont chétifs et rapetissés, les bestiaux qui cherchent sur cette grande étendue de landes, une nourriture maigre et rare! Dans plusieurs cantons, les espèces sont à tel point dégénérées, qu'on serait tenté de croire à la fable de cet athlète, qui portait un bœuf, l'assommait d'un coup de poing et le mangeait dans un jour.

Voyez aussi, comme ils sont pauvres, ignorants et faibles, les habitans de ces tristes contrées! Le joug de la féodalité ne pèse plus sur leur tête; mais des institutions féodales ont laissé des traces et des habitudes qui subsistent encore.

---

d'experts, etc...., lorsque deux ou trois individus *omis* demandèrent, par cela seul, la nullité de cette procédure déjà si dispendieuse!

(1) L'on connaît, en cette matière, des partages dont les frais ont au moins égalé la valeur du terrain partagé.

Si donc les paysans Bretons sont, pour la plupart, restés en arrière, sur la grande voie de la civilisation, gardons-nous d'en attribuer la cause à leur caractère : elle réside uniquement dans leur position. Ils ont de l'énergie; mais la misère produit à la longue le découragement. Que ces vastes landes se divisent et deviennent des propriétés privées, bientôt elles s'amélioreront ; bientôt, stimulée par l'intérêt personnel, l'industrie marchera, et le paysan Breton, sortant enfin de son état d'engourdissement, sera, dans quelques années peut-être, l'émule de ces cultivateurs éclairés, chez qui nous aimons tant à rencontrer, et la *propreté*, qui annonce le soin et l'ordre, et l'*aisance*, ce doux fruit d'une agriculture bien entendue.

Oh! non, ce n'est point là un rêve enfanté par la théorie: parcourez ceux des cantons de la Bretagne où la terre est convenablement travaillée, et la campagne vous présentera à chaque pas la réalité de cette image : *des récoltes abondantes, des bestiaux bien développés, des hommes vigoureux et satifaits de leur condition.*

Oui, sans doute, dans ces cantons, la terre est d'une meilleure qualité que la plupart de nos landes ; mais de ces terres dont nous admirons les produits, combien, dans l'origine, n'étaient pas d'une qualité supérieure? Des soins dirigés avec art, obtiennent presque toujours de la terre, leur récompense. Incrédules ! visitez les défrichements opérés par M. Charles Haentjens, dans le voisinage de Nozai, et vous resterez convaincus que l'auteur des Georgiques a dit avec raison, en parlant de l'agriculture et des arts :

...... Labor omnia vincit
Improbus........

V.e QUESTION.

Quels changements, modifications ou innovations conviendrait-il d'apporter à la législation actuelle, pour conduire plus promptement et plus facilement au but désiré de la cessation du pacage en commun, et à la mise en culture des terres communes ?

Chacun sent l'urgente nécessité que l'état actuel des choses ait un terme.

Plusieurs propriétaires ont déjà fait d'heureux efforts. Le succès qu'ils ont obtenu, en faisant marcher pas à pas leurs défrichements, a prouvé que nos landes pouvaient être fructueusement utilisées. Une malheureuse expérience a justement défavorisé les entreprises gigantesques en ce genre. Mais, aussi les défrichements sagement combinés, lentement exécutés, ont presque tous réussi.

Ne nous dissimulons pas, néanmoins, qu'il

existe des difficultés insurmontables, pour tout autre que le législateur, et ces difficultés sont précisément celles dont nous avons parlé, en traitant la troisième partie de la quatrième question (1).

Cette matière est digne de fixer l'attention bienveillante du gouvernement : convertir en terrains productifs ces landes immenses serait une conquête plus douce et plus sûre que celles que l'on obtient par le triomphe éclatant et passager des armes. Loin d'affliger, elle soulagerait l'humanité ; elle améliorerait le sort des habitants, augmenterait la population et ajouterait, sous plusieurs rapports, aux ressources naturelles de l'État.

Nous ne prétendons pas offrir, ici, tous les éléments qui pourraient entrer dans un projet de loi ; mais il nous semble que l'on pourrait arriver au but désiré, en conciliant, tout à la fois, et les grands intérêts de l'agriculture, et le droit sacré de la propriété.

Premièrement : Faire statuer promptement sur les prétentions respectives des communes et des particuliers ;

Deuxièmement : Amener au partage ou à la vente de ces terrains, les personnes qui en seront reconnues ou jugées propriétaires ;

---

(1) V. *Suprà*, p. 59 et suiv.

Troisièmement, Faire en sorte que ces différentes opérations s'exécutent avec économie de temps et d'argent.....

Voilà, selon nous, les bases sur lesquelles devrait s'appuyer la loi qu'appellent les vœux de la Bretagne, et voici les principales dispositions qu'elle pourrait consacrer :

Art. 1.er A l'exception des communes, les prétendants droit sur les terres vaines et vagues situées en la ci-devant province de Bretagne, seront tenus d'adresser, dans le délai de six mois, leurs réclamations à la préfecture du département dans les limites duquel se trouvent situées les terres réclamées. Ils joindront à leur réclamation, les pièces justificatives, dont il leur sera délivré récépissé.

2. A défaut de réclamation dans le délai fixé, les terres vaines et vagues seront considérées comme la propriété des communes, dans les limites desquelles elles se trouveront situées (1).

3. En cas de réclamation, le comité consultatif donnera son avis motivé, et le conseil de

(1) La commission a exprimé le vœu *très-sage* que, dans ce cas, le prix de la vente fût versé à la caisse d'amortissement, et rendu, dans un délai donné, aux vassaux qui, venant à retrouver leurs titres, justifieraient leur qualité de propriétaires.

préfecture, après un nouvel examen, accordera ou refusera à la commune l'autorisation de plaider.

4. En cas de refus d'autorisation, la commune sera considérée comme n'ayant aucun droit.

5. En cas d'autorisation accordée à la commune, les parties seront renvoyées de suite devant les tribunaux, où la question de propriété sera promptement jugée (1).

6. L'administration municipale des communes, reconnues ou jugées propriétaires, sera tenue de délibérer incessamment sur la question de savoir s'il est plus avantageux de partager que de vendre ces terrains.

7. Après l'avis du conseil de préfecture (2), l'autorité administrative supérieure ordonnera le partage ou la vente.

8. Les particuliers reconnus propriétaires ou jugés tels, seront tenus, dans les six mois qui suivront la décision devenue irrévocable, de procéder, soit au partage, soit à la licitation (3).

---

(1) Il faudrait substituer : *sera jugée avant toutes les autres causes ordinaires.*

(2) La commission a fort bien observé que cet avis était dans les attributions du Préfet. C'était, de la part de l'auteur, une faute d'inattention.

(3) La commission reproche, avec raison, à cet article, un défaut de sanction. On pourrait ajouter

9. Les ci-devant vassaux *qui voudront réclamer*, seront obligés de nommer un ou plusieurs mandataires, qui représenteront la masse des intéressés, pour et dans tous actes, soit en demandant, soit en défendant (1).

10. Les actes relatifs aux différentes opérations et procédures mentionnées dans les articles précédents, seront dispensés des droits de timbre et d'enregistrement.

---

une déchéance; car il y a beaucoup de localités où les facilités proposées par la commission n'amèneront point les ci-devant vassaux, soit au partage, soit à la licitation, et dès lors, le but que l'on se propose d'atteindre sera manqué, du moins en grande partie.

(1) La commission préférerait, à ce qu'il paraît, un article qui autorisât, en cette matière, *les assignations collectives, par publications ou bannies, à l'issue des messes paroissiales*. Ce moyen, indiqué par la composition n.° 5, est assurément très-bon; mais si les réclamants sont obligés de nommer un ou plusieurs mandataires, comme il est dit en l'art. 9, ces mandataires auront qualité pour recevoir les assignations à donner à la masse. Il est probable que la première rédaction de l'art. 9 avait empêché la commission d'apercevoir ce résultat, qui rend inutiles les bannies ou publications, et qui pare en même temps à l'inconvénient des ajournements individuels.

Sans doute, quelques-unes de ces dispositions s'écartent plus ou moins du droit commun ; mais puisque, sous l'empire de ce droit, nos landes demeurent incultes, il faut, ou rester dans cet état de choses, ou créer un droit spécial qui nous en fasse sortir.

Au reste, ces dispositions peuvent aisément se justifier :

L'obligation imposée aux ci-devant vassaux de réclamer dans le délai de six mois, n'a rien de vexatoire : d'un côté, le législateur est le maître d'abréger les délais, surtout quand un grand intérêt l'exige, et, de l'autre, depuis tant d'années que l'on se querelle, en Bretagne, à l'occasion des terres vaines et vagues, presque tous ceux dont le droit est appuyé d'un titre, ont ce titre là à leur disposition.

L'obligation de communiquer les pièces justificatives dérive de la nécessité que le comité consultatif ait ces titres sous les yeux, afin de se former une juste opinion du mérite de la réclamation.

La déchéance prononcée par l'article 2 est indispensable, pour arriver à la division de nos landes. Sans cette peine, la plupart des individus qui exercent le pacage, se garderont bien d'élever une réclamation, qui, suivie d'un examen, prouverait, ou qu'ils n'ont pas de droits, ou que leurs droits n'ont pas l'extension qu'on leur suppose. On les verra donc se perpétuer dans leur espèce de jouissance, et comme nul ne peut prescrire un pareil terrain, ces landes resteront encore telles quelles sont, durant un grand nombre de siècles (1).

Les articles 3 et 4 ne sont réellement pas des innovations.

L'article 5 est dans l'intérêt bien entendu de toutes les parties, à qui il importe, sans doute, d'être jugées le plus tôt possible. Seulement, ces affaires primeront les causes ordinaires, mais ce n'est pas là un grand inconvénient.

Les articles 6 et 7 diffèrent peu de l'ordre actuel des choses.

L'article 8 impose une obligation exhorbitante, un partage ou une licitation forcée; mais le bien général le veut ainsi. Les citoyens peuvent être expropriés, pour cause d'utilité publique (2), et souvent cette cause dégénère dans la réalisation d'un simple projet d'embellissement ou de commodité purement locale; et pourquoi donc, dans le

---

(1) D'ailleurs, d'après l'amendement de la commission, cette déchéance n'aura plus rien de préjudiciable aux ayant droit, puisqu'en exhibant leurs titres, ils recevront, sinon la chose, du moins son prix.

(2) Code civ., art. 545. — La Charte, art. 10. = Loi du 28 mars 1810.

grand intérêt de l'agriculture, ne pourrait-on pas astreindre des co-propriétaires à se partager des terrains, dont la jouissance indivise est préjudiciable, non-seulement à la société, mais encore à leurs possesseurs?

Quelque absolu que soit le droit de propriété, son exercice est subordonné à la loi et même à de simples règlements (1). Le législateur, mu par les hautes considérations dont nous avons parlé, peut donc ordonner le partage de nos landes, si mieux n'aiment les co-propriétaires les liciter ou les vendre eux-mêmes.

L'art. 9 a pour objet d'éviter le déplacement des masses de cultivateurs, qu'arrachent ordinairement à leurs travaux, les procès qu'ils entreprennent ou qu'ils soutiennent. En restant sous le chaume accoutumé, ils continueront de veiller à leurs occupations journalières et ne sentiront pas le poids d'un excédant de dépenses, que leur occasionneraient plusieurs voyages. Sous un autre rapport, leurs intérêts n'en souffriront pas, puisqu'ils seront représentés par des mandataires de leur choix. Enfin, la procédure aura l'avantage d'être plus simple et moins dispendieuse. De sorte qu'il y aura, dans ce mode, économie de temps et d'argent.

Enfin, l'art. 10 a des analogies, notamment dans la loi relative à l'indemnité stipulée au profit des

---

(1) Code civ., art. 537 et 544.

colons de Saint-Domingue (1). Quelque fâcheuse que soit la position des anciens propriétaires d'Haïti, celle des ci-devant vassaux bretons, est généralement plus triste encore.

D'ailleurs, puisque cette modération dans les droits fiscaux peut faciliter les défrichements, elle est commandée par l'intérêt de l'agriculture.

Ajoutons que le fisc même recueillera plus tard, les fruits de cette concession : devenues propriétés privées, ces landes entreront dans la circulation, et chaque mutation portera son droit au trésor public. N'oublions pas non plus, qu'après le délai d'exemption, ces propriétés, mises en valeur, seront assujetties à des impositions plus considérables, que ne le sont les impositions assises aujourd'hui sur les terres vaines et vagues.

Pour les encourager, ces défrichements, nos anciens rois avaient accordé des exemptions d'impôts (2).

A deux époques de la révolution, on reproduisit ces exemptions encourageantes (3).

---

(1) Loi du 30 avril 1826, art. 10. — Même exemption de droits d'enregistrement, établie par l'art. 18 de la loi du 2 juillet 1828.

(2) Denisart, au mot desséchement. — Nouveau répertoire, au mot défrichement.

(3) Loi du 1.er décembre 1790, titre 3. — Loi du 3 frimaire, an 7, tit. 7.

Mais, disons-le, elles sont complétement ignorées dans plusieurs localités.

Il ne faut pas s'imaginer que la promulgation des lois frappe l'oreille de tous ceux qui doivent, ou les exécuter, ou en profiter. Dans les campagnes surtout, le peuple ne les connaît pas, et la présomption de connaissance n'est ici qu'une véritable illusion (1).

Il faudrait donc rappeler ces exemptions, d'une manière plus efficace pour la classe des simples cultivateurs (2). Il faudrait peut-être même ajouter aux dispositions favorables de la législation actuelle, afin d'intéresser plus fortement encore les propriétaires à tenter des défrichements.

---

(1) J'ai constamment été frappé de cet inconvénient : tous les jours, on condamne des hommes pour la violation de lois qu'ils ne connaissent pas. S'ils les avaient connues ; s'ils avaient su que telle peine était attachée à telle voie de fait, il nous est permis de croire que plusieurs d'entre eux ne l'auraient pas commise. Il y aurait cependant un moyen bien facile de porter nos lois pénales à la connaissance du peuple ; mais ce n'est pas, ici, le lieu de nous en occuper.

(2) Soit en affichant ces dispositions, soit en les faisant lire au peuple réuni à l'issue des messes paroissiales.

Il conviendrait, surtout, d'établir une exemption d'impôt foncier, en faveur du propriétaire qui voudrait destiner à la culture des bois, une partie notable de son terrain.

Cette exemption n'aurait pour objet que la quantité consacrée au semis ou à la plantation ; et elle subsisterait, tant que ces bois ne seraient pas en état de production ; sauf au fisc à prélever un droit proportionnel et juste, à l'époque où ces bois seraient coupés ou abattus.

Il faut prendre l'homme tel qu'il est : en général, il lui répugne de faire *gratuitement*, chaque année, des dépenses pour amener lentement un avantage dont il ne jouira pas, et dont ne jouiront peut-être point ses enfants.

Aussi, qui n'a pas entendu les plaintes amères des propriétaires de bois? Qui n'a pas connaissance que beaucoup de particuliers ont renoncé au projet de planter des terrains d'une grande étendue, par la seule considération qu'ils seraient obligés de payer, durant un grand nombre d'années, des impositions, pour un terrain, qui, pendant ce laps de temps, ne leur produirait rien ?

Une amélioration apportée, sous ce rapport, à notre système financier, n'opérerait pas une diminution bien sensible dans les revenus de l'Etat ; mais elle aurait le double avantage de déterminer la mise en valeur d'une plus grande quantité de terres vaines et vagues, et de fixer l'industrie sur la culture des bois, beaucoup trop négligée en France. Partout, le prix des bois augmente dans une progression qui nous laisse facilement apercevoir qu'elle a sa principale cause dans leur rareté même, qui, chaque jour, se fait effectivement sentir de plus en plus.

L'article 113 de la loi du 3 frimaire an 7 ne voulait pas que la cotisation des terres en friche fût augmentée, lorsqu'on les plantait ou semait en bois, et cette faveur devait durer 30 années.

L'article 225 du nouveau code forestier n'accorde qu'une exemption d'impôt, pendant 20 ans, aux propriétaires qui feront des semis et plantations de bois sur *le sommet et le penchant des montagnes, et sur les dunes.*

Ainsi, les propriétaires de *terres vaines et vagues* sont complétement oubliés. Ils ne pourraient plus aujourd'hui invoquer la disposition de la loi de l'an 7; ou du moins, ils pourraient craindre qu'on ne leur opposât la disposition *abrogatrice* de l'art. 218 du code forestier.

Certes, pourtant, les semis et plantations effectués sur nos landes méritent autant de faveur, que lorsqu'ils s'exécutent sur le *penchant des montagnes*, et l'on ne concevrait pas le silence de la loi à l'égard des terres *vaines et vagues*, s'il ne provenait d'un simple oubli. Un membre de la Chambre des Députés (1) proposa d'étendre l'exemption aux *dunes*, et l'amendement fut adopté. Si une seule voix se fût élevée en faveur des landes de la Bretagne, tout annonce qu'on les eût aussi comprises dans le texte de l'article 225 ; ou plutôt, la question se fut agrandie comme son objet même. Elle eût pris alors le haut degré d'importance qui lui est propre, et nos législateurs, sentant plus fortement encore la nécessité d'utiliser ces grands terrains restés improductifs, auraient probablement substitué à la disposition trop mesquine de l'art. 225 du Code Forestier, une mesure plus large, plus encourageante, et, par conséquent, plus favorable au développement de l'industrie.

Puisse, enfin, l'administration supérieure arrêter son attention sur une partie de la France, trop long-temps oubliée !

Presque environnée par les flots de l'océan, la Bretagne se trouve dans une heureuse position géographique. Ses ports nombreux, son étendue, les canaux intérieurs qui vont la traverser depuis Nantes jusqu'à Brest et depuis Saint-Malo jusqu'à Nantes, deviendraient d'inappréciables avantages, si les déserts que renferme son territoire, se couvraient de forêts, de moissons et d'habitants.

---

(1) M. Méchin.

Nous croyons l'avoir démontré, ce résultat si vivement désiré dépend de l'intervention du gouvernement, et pour l'obtenir, le gouvernement a très-peu d'efforts à faire.

BIBLIOTHÈQUE ROYALE

www.ingramcontent.com/pod-product-compliance
Ingram Content Group UK Ltd.
Pitfield, Milton Keynes, MK11 3LW, UK
UKHW021620260726
13965UKWH00007B/1375

9 782013 044431